Jean-Paul Bouland

Patchwork sur la Prière

Jean-Paul Bouland

Patchwork sur la Prière

Propos décousus à coudre soi-même

Éditions Croix du Salut

Impressum / Mentions légales
Bibliografische Information der Deutschen Nationalbibliothek: Die Deutsche Nationalbibliothek verzeichnet diese Publikation in der Deutschen Nationalbibliografie; detaillierte bibliografische Daten sind im Internet über http://dnb.d-nb.de abrufbar.
Alle in diesem Buch genannten Marken und Produktnamen unterliegen warenzeichen-, marken- oder patentrechtlichem Schutz bzw. sind Warenzeichen oder eingetragene Warenzeichen der jeweiligen Inhaber. Die Wiedergabe von Marken, Produktnamen, Gebrauchsnamen, Handelsnamen, Warenbezeichnungen u.s.w. in diesem Werk berechtigt auch ohne besondere Kennzeichnung nicht zu der Annahme, dass solche Namen im Sinne der Warenzeichen- und Markenschutzgesetzgebung als frei zu betrachten wären und daher von jedermann benutzt werden dürften.

Information bibliographique publiée par la Deutsche Nationalbibliothek: La Deutsche Nationalbibliothek inscrit cette publication à la Deutsche Nationalbibliografie; des données bibliographiques détaillées sont disponibles sur internet à l'adresse http://dnb.d-nb.de.
Toutes marques et noms de produits mentionnés dans ce livre demeurent sous la protection des marques, des marques déposées et des brevets, et sont des marques ou des marques déposées de leurs détenteurs respectifs. L'utilisation des marques, noms de produits, noms communs, noms commerciaux, descriptions de produits, etc, même sans qu'ils soient mentionnés de façon particulière dans ce livre ne signifie en aucune façon que ces noms peuvent être utilisés sans restriction à l'égard de la législation pour la protection des marques et des marques déposées et pourraient donc être utilisés par quiconque.

Coverbild / Photo de couverture: www.ingimage.com

Verlag / Editeur:
Éditions Croix du Salut
ist ein Imprint der / est une marque déposée de
OmniScriptum GmbH & Co. KG
Heinrich-Böcking-Str. 6-8, 66121 Saarbrücken, Deutschland / Allemagne
Email: info@editions-croix.com

Herstellung: siehe letzte Seite /
Impression: voir la dernière page
ISBN: 978-3-8416-9905-3

Copyright / Droit d'auteur © 2014 OmniScriptum GmbH & Co. KG
Alle Rechte vorbehalten. / Tous droits réservés. Saarbrücken 2014

Jean-Paul BOULAND

PATCHWORK sur la PRIERE

*Propos décousus
à coudre soi-même*

www.jpbouland.com

AVANT-PROPOS

Patchwork *(nom masculin) : Pièce de tissu constituée de morceaux rapportés et de couleur différente. Se dit de ce qui est constitué d'éléments disparates.* (dictionnaire en ligne Mediadico)

Je ne suis pas un maître-à-prier, loin de là !. Je ne suis qu'un simple priant, éternellement débutant, qui, depuis de longues années, ânonne, bredouille, bafouille, cafouille et bidouille ce qu'il pense être une prière.

Je n'écrirai donc pas un "Traité de la Prière". Je n'en ai ni le désir, ni la capacité, ni la possibilité.

Je ne cherche à convaincre personne, simplement à donner quelques points de vue, à apporter des éléments disparates sur la prière, comme ils viennent, apparemment hétérogènes les uns par rapport aux autres, que le lecteur coudra à son gré, à son rythme, comme il voudra, s'il le peut.

Il n'est pas facile de parler de la prière, car nous ne sommes pas là dans le domaine de l'évident, du raisonnable, du démontrable, du rationnel, puisqu'il est question des rapports entre le monde visible et le monde invisible. Nous sommes dans le subjectif, le personnel, je dirais même l'intime.

J'espère cependant que mon pauvre cafouillage pourra rendre quelque service. Ou que ma propre indigence pourra au moins rassurer chacun sur la sienne.

Des CATECHISMES

CATECHISME de Martin LUTHER (1529)

TROISIÈME PARTIE: La Prière Que Christ Nous A Enseignée.

1. *Notre Père, qui es aux cieux;*
2. *Ton nom soit sanctifié;*
3. *Ton règne vienne;*
4. *Ta volonté soit faite sur la terre comme au ciel;*
5. *Donne-nous aujourd'hui notre pain quotidien;*
6. *Pardonne-nous nos offenses, comme nous pardonnons à ceux qui nous ont offensés;*
7. *Ne nous induis point en tentation;*
8. *Mais délivre-nous du mal.*
9. *Car c'est à Toi qu'appartiennent le règne, la puissance et la gloire, aux siècles des siècles.*
Amen.

Telles sont les parties les plus essentielles; il faut les apprendre mot pour mot et habituer les enfants à les réciter journellement, le matin quand ils se lèvent, dans la journée quand ils se mettent à table, le soir avant de se coucher, et ne pas leur donner à manger ni à boire avant qu'ils les aient récitées.

De même aussi chaque père de famille doit exiger de ses domestiques qu'ils les apprennent, et ne doit pas les garder dans sa maison s'ils ne peuvent, ou plutôt, s'ils ne veulent pas les apprendre. Car on ne doit absolument pas souffrir qu'un homme soit grossier et sauvage au point d'ignorer ces choses, parce que le contenu de la Bible est renfermé dans ces trois articles d'une manière courte, simple et claire.

Les pères de l'Église ou les apôtres n'importe qui des deux ont ainsi rassemblé dans cet abrégé la doctrine, la vie, la sagesse et la science des chrétiens, tout, en un mot, ce dont un chrétien parle et s'occupe sa vie durant.

Lorsqu'on a bien compris ces trois parties, alors il est nécessaire que l'on sache aussi ce que sont nos sacrements (que Christ lui-même a institués), savoir: le Baptême et le Sacrement du corps et du sang de Christ, selon le récit qu'en font saint Matthieu et saint Marc à la fin de leurs évangiles. Ces deux institutions ont eu lieu lorsque notre Seigneur Jésus-Christ prit congé de ses disciples et qu'il les envoya prêcher aux peuples.

CATECHISME du CONCILE de TRENTE (1566)

Chapitre 38

INTRODUCTION

L'un des devoirs les plus sacrés du ministère pastoral, l'un des plus indispensables au salut du peuple, c'est, à coup sûr, l'enseignement de la Prière chrétienne. Si un Pasteur pieux et zélé ne met pas tous ses soins à en instruire les Fidèles, beaucoup d'entre eux n'en connaîtront jamais la nature et l'importance. C'est pourquoi le Prêtre, digne de ce nom, s'appliquera de toutes ses forces à bien faire comprendre à ses auditeurs religieux ce qu'il faut demander à Dieu, et comment il convient de le demander.

Toutes les qualités de la Prière parfaite se trouvent réunies dans cette divine formule que Notre-Seigneur Jésus-Christ voulut bien enseigner à ses Apôtres, et, par eux ou par leurs successeurs, à tous ceux qui dans la suite devaient embrasser la Religion chrétienne ; formule dont les paroles et les pensées doivent être gravées si profondément dans notre esprit et dans notre cœur, qu'elles nous soient toujours présentes. Et pour faciliter aux Pasteurs les moyens d'instruire les Fidèles sur cette Prière particulière, nous avons réuni, dans cette dernière partie de notre Catéchisme, tout ce qui nous a paru se rapporter davantage à notre sujet. Dans ce but, nous avons emprunté largement aux Auteurs les plus savants et les plus célèbres en cette matière. Pour le surplus, les Pasteurs (s'ils en ont besoin), pourront aller le puiser eux-mêmes, et aux mêmes sources

DE LA NÉCESSITÉ DE LA PRIÈRE.

La première chose à enseigner, dans ce sujet, c'est la nécessité de la Prière, car la recommandation qui nous en est faite n'est pas un simple conseil, mais bien un précepte rigoureux et formel. Notre-Seigneur Jésus-Christ l'a déclaré expressément: « *Il faut toujours prier.* »

Cette nécessité de la Prière ressort également de la petite Préface que l'Eglise nous fait dire à la Messe, avant l'Oraison Dominicale: *Notre-Seigneur, nous ayant commandé de prier, et nous ayant donné Lui-même un modèle de prière, nous osons dire, etc.* C'est donc parce que la Prière est nécessaire d'une part, et parce que d'autre part, ses disciples Lui avaient dit: « *Seigneur, apprenez-nous à prier* », que le Fils de Dieu leur prescrivit une formule de prière, en leur donnant l'espoir qu'ils obtiendraient tout ce qu'ils demanderaient. Bien plus, Il voulut confirmer son précepte par son propre exemple, non seulement en priant avec assiduité, mais même en passant des nuits entières à prier.

Les Apôtres ne manquèrent pas de transmettre ce précepte de Jésus-Christ à ceux qui embrassaient la Foi chrétienne. C'est ainsi que Saint Pierre et Saint Jean se font un devoir de le rappeler très exactement aux âmes croyantes ; et l'Apôtre Saint Paul s'empresse de les imiter, en exhortant fréquemment les Chrétiens à cette salutaire obligation de la Prière.

Il est, en outre, tant de biens et de secours dont nous avons besoin et pour l'âme et pour le corps, qu'il nous faut absolument recourir à la Prière. Elle seule, en effet, est capable d'exposer fidèlement à Dieu notre détresse. Elle seule peut en obtenir tout ce qui nous manque. ne l'oublions pas, Dieu ne doit rien à personne, et par conséquent, si nous voulons qu'Il nous accorde ce dont nous avons besoin, nous devons nécessairement le solliciter de Lui par la Prière. La Prière est comme un instrument qu'Il nous a donné, afin que nous nous en servions pour obtenir ce que nous désirons. Sans la Prière — cela n'est que trop certain — il est des choses que nous n'aurions jamais. Ainsi, l'un de ses effets les plus extraordinaires, c'est qu'elle possède la vertu de chasser les démons. Car, dit Notre-Seigneur dans Saint Matthieu: « *Il est un genre de démons qui ne peut se chasser que par le jeûne et par la Prière.* »

C'est donc se priver d'un grand nombre de faveurs particulières, que de négliger ce pieux exercice de la Prière, de n'en point prendre l'habitude, de ne pas s'en acquitter avec tout le soin qu'il mérite. Pour obtenir, au contraire, ce que l'on demande, il ne faut pas seulement une Prière convenable, il faut une prière persévérante. Comme le dit très bien Saint Jérôme: il *est écrit:* « *On donne à quiconque demande. Si donc on ne vous donne pas, c'est que vous ne demandez pas. Demandez donc, et vous recevrez.* »

CATECHISME de BOSSUET (1627 – 1704)

Quel est le plus nécessaire exercice du chrétien ?
C'est la prière.

Pourquoi la prière est-elle si nécessaire ?
C'est qu'elle nous obtient le secours de Dieu , sans lequel nous ne pouvons avoir, ni faire aucun bien.

Quelle prière dites-vous le plus souvent ?
L'Oraison dominicale, ou le Pater.

Que veut dire ce mot, Oraison dominicale ?
C'est-à-dire, la prière que Notre-Seigneur nous a enseignée.

Que faut-il faire quand on commence sa prière ?
Se mettre en la présence de Dieu.

Qu'appelez-vous, se mettre en la présence de Dieu?
Faire un acte de foi, par lequel on croit que Dieu est présent, et l'adorer comme celui qui voit le fond de nos cœurs.

Que dites-vous de ceux qui prient sans attention ?
S'ils négligent d'être attentifs, loin de servir Dieu, ils l'offensent.

CATECHISME de toutes les Eglises catholiques de l'Empire français
1806

Qu'est-ce que la prière ?
La prière est une élévation de notre âme vers Dieu.

Est-il bien nécessaire de prier ?
Oui, c'est un des devoirs les plus indispensables de la Religion.

Pourquoi la prière est-elle si nécessaire ?
1° Parce que Jésus Christ nous en a fait un précepte, 2° Parce que la prière est un des moyens par lesquels Dieu nous communique ordinairement sa grâce.

Faut-il prier souvent ?
Il faut prier souvent, mais surtout le matin, en se levant; le soir, en se couchant; avant et après le repas; et quand on sonne l'Angelus en mémoire de l'Incarnation.

Est-on assuré d'obtenir ce qu'on demande à Dieu par la prière ?
Oui, pourvu qu'elle soit bien faite.

Sur quoi est fondée cette assurance ?
Sur la promesse expresse de Dieu.

Quelles sont les dispositions nécessaires pour bien prier ?
Il y en a quatre principales : l'attention, la confiance, l'intention pure, et la persévérance.

Qu'est-ce que prier avec confiance ?
C'est prier avec une ferme assurance que Dieu nous écoutera, parce qu'il est bon.

CATECHISME ou ABREGE de la DOCTRINE CHRETIENNE
ROUEN - 1857

Qu'est-ce que la Prière ?
La prière est une élévation de notre âme vers Dieu, pour lui rendre nos devoirs et lui demander nos besoins.

Comment faut-il prier ?
Il faut prier avec attention, avec humilité, avec confiance, avec persévérance.

Quand faut-il prier ?
La plus souvent qu'il est possible, mais surtout le matin et le soir, devant et après les repas, quand on assiste à la Messe et aux offices divins.

N'y a-t-il pas des occasions où l'on est particulièrement obligé de prier?
Oui, on est obligé particulièrement de prier, 1° dans la tentation ou le péril, 2° dans la maladie ou l'affliction, 3° dans les affaires importantes et les besoins de la vie, 4° lorsqu'on doit recevoir les sacrements, 5° lorsqu'on doit embrasser un état de vie, 6° à l'heure de la mort.

Pour qui faut-il prier ?
Il faut prier pour soi, pour ses parents et ses bienfaiteurs; pour ses amis, même pour ses ennemis, et pour toute l'Eglise.

Ne faut-il pas prier pour les âmes des défunts ?
Oui, il faut prier pour les âmes des défunts, afin qu'elles soient délivrées des peines du purgatoire.

CATECHISME à l'Usage des DIOCESES de France
(1947)
La PRIERE

169. Qu'est-ce que prier?
Prier c'est parler à Dieu pour l'adorer, le remercier, lui demander pardon et obtenir ses grâces.

170. Sommes-nous obligés de prier?
Oui, nous sommes obligés de prier, c'est un devoir que, dans l'évangile, Jésus-Christ nous rappelle souvent.

171. Quand faut-il prier?
Il faut prier souvent, mais surtout le matin et le soir, dans les tentations, les peines et les dangers.

172. Pour qui devons-nous prier ?
Nous devons prier pour nous-mêmes, pour nos parents et nos bienfaiteurs, pour les Chefs de l'Eglise, pour les vivants et pour les morts.

173. Comment faut-il prier?
Il faut prier avec attention, humilité, confiance et persévérance.

174. Dieu exauce-t-il toujours nos prières?
Oui, Dieu exauce toujours nos prières quand elles sont bien faites, s'il le juge utile à notre salut.

175. Est-il recommandé de prier en commun ?
Oui, il est recommandé de prier en commun, car Jésus-Christ a dit : "Quand deux ou trois personnes sont assemblées en mon nom, je suis au milieu d'elles".

La PRIERE

Je prie Dieu... Je prie Qui ?...

Voilà la bonne question.

Je suis chez moi, seul. Et je prie. C'est-à-dire que je me concentre, et que je parle, extérieurement ou intérieurement peu importe, à Dieu.

Mais suis-je donc bien certain que je ne me parle pas à moi-même ? Car ce Dieu, à qui je prétends parler, qui est-il ? où est-il ? comment est-il ? Est-il intérieur ou extérieur à moi-même ? Suis-je bien certain que ce Dieu n'est pas un fantasme, une production de mon imagination ?

Quelle différence puis-je faire entre moi qui réfléchis intérieurement à la solution d'un problème, à l'orientation de mon avenir, à la signification de ce que je viens de lire, et l'opération mentale que je nomme prière ?

Le Mystère de la Prière

C'est un bien grand mystère que la prière. Je dirai ce que je crois.

A la question 22 du catéchisme du Diocèse de ROUEN, dans son édition de 1941, on me demandait :

- *Qu'est-ce que Dieu ?*

et je faisais cette réponse que j'avais apprise par cœur :

- *Dieu est un pur esprit, infiniment parfait, éternel, Créateur et Souverain Maître de toutes choses.*

Et mon esprit se perdait en conjectures et dans des abîmes de réflexion sur ce que pouvait être un esprit, infini de surcroît; de plus parfait et éternel; et qui aurait tout créé... J'étais victime, sans le savoir, du syndrome de Platon. On me présentait un Etre suprême indispensable pour comprendre la Nature et le créé, mais qui n'avait rien à voir avec ma propre vie.

Celui qu'on chantait hier dans la Prière du Bréviaire :

Rerum, Deus, tenax vigor
Immotus in te permanens

> *Force et soutien de toute chose,*
> *Dieu qui demeures sans changer,*

Celui que Blaise Pascal avait refusé, parce qu'il était le "*Dieu des philosophes et des savants*", et non pas le "*Dieu d'Abraham, d'Isaac et de Jacob*".

Celui dont Voltaire disait :

> *L'univers m'embarrasse et je ne puis songer*
> *Que cette horloge existe et n'ait point d'horloger*

Jésus, révélation de Dieu

Et puis m'est venue l'illumination, en lisant un jour le Prologue de l'Evangile de Jean :
> *Dieu, personne ne l'a jamais vu;*
> *le Fils unique, qui est tourné vers le sein du Père,*
> *lui, l'a fait connaître.*
> *(Jean 1, 18)*

Ce qui, me semble-t-il, a une triple signification :
1- Si j'adhère au message de Jésus, je reconnais que ce message est Parole de Dieu.
2- Si je crois que le désir profond de Jésus était de vivre selon ce qu'il croyait être le désir de Dieu, alors, par lui, je puis rejoindre Dieu.
3- C'est en ne faisant qu'un avec l'esprit du Fils, que mon esprit peut atteindre cet Esprit Infini.

Ce que Blaise PASCAL (1623 – 1662) dit à sa manière :

Pensée 233 (éd. Brunschwig) - *S'il y a un Dieu, il est infiniment incompréhensible, puisque, n'ayant ni parties ni bornes, il n'a nul rapport à nous. Nous sommes donc incapables de connaître ni ce qu'il est, ni s'il est. Cela étant, qui osera entreprendre de résoudre cette question ? Ce n'est pas nous, qui n'avons aucun rapport à lui.*

547. *Dieu par Jésus-Christ. – Nous ne connaissons Dieu que par Jésus-Christ. Sans ce Médiateur, est ôtée toute communication avec Dieu ; par Jésus-Christ, nous connaissons Dieu… En lui et par lui nous connaissons donc Dieu. Hors de là et sans l'Écriture, sans le péché originel, sans médiateur nécessaire, promis et arrivé, on ne peut prouver absolument Dieu, ni enseigner ni bonne doctrine, ni bonne morale. Mais par J.-C. et en J.-C. on*

prouve Dieu et on enseigne la morale et la doctrine. J.-C. est donc le véritable Dieu des hommes.

Autrement dit, Jésus est pour moi le visage humain de Dieu : *Philippe lui dit: Seigneur, montre-nous le Père, et cela nous suffit. Jésus lui dit: Il y a si longtemps que je suis avec vous, et tu ne m'as pas connu, Philippe! Celui qui m'a vu a vu le Père; comment dis-tu: Montre-nous le Père? Ne crois-tu pas que je suis dans le Père, et que le Père est en moi ?* (Jean 14, 8-9)

Noter que toute prière liturgique se termine par cette conclusion :

Par Jésus-Christ, Ton Fils,
Notre Seigneur et Notre Dieu
Qui règne avec Toi et le Saint Esprit
Aujourd'hui et pour les siècles des siècles.

Autrement dit encore, les philosophies peuvent dire tout ce qu'elles veulent de Dieu; pour le croyant, seul le Christ, Jésus, est la véritable re-présentation valable de Dieu; la vraie Parole de Dieu. Ce que déclarait Paul dans sa Lettre aux Colossiens :

Il est l'Icône du Dieu invisible, Premier-né de toute créature,
car c'est en lui qu'ont été créées toutes choses,
dans les cieux et sur la terre, les visibles et les invisibles,
Trônes, Seigneuries, Principautés, Puissances;
tout a été créé par lui et pour lui.
Il est avant toutes choses et tout subsiste en lui.
Et il est aussi la Tête du Corps, c'est-à-dire de l'Eglise:
Il est le Principe, Premier-né d'entre les morts,
car Dieu s'est plu à faire habiter en lui toute la Plénitude
(Colossiens 1, 15-19)

Autrement dit encore, nous ne pouvons rien dire de Dieu, ni qui il est, ni où il est, ni comment il est. Nous ne pouvons que répéter ce que l'auteur du Livre de l'Exode lui fait dire de lui-même, au chapitre 3 : *Moïse dit à Dieu: "Voici, je vais trouver les Israélites et je leur dis: Le Dieu de vos pères m'a envoyé vers vous. Mais s'ils me disent: Quel est son nom?, que leur dirai-je?" Dieu dit à Moïse: "Je suis qui je suis".* (Exode 3, 13-14)

La théologie apophatique

C'est pourquoi je pense que la seule réflexion que nous puissions faire sur Dieu, c'est ce que les spécialistes nomment "la théologie apophatique", que certains nomment, mais je ne suis pas de ceux-là : "la théologie négative".

La théologie traditionnelle (Coyne, 2002 ; Maldamé, 1996) reconnaît que Dieu est toujours à l' oeuvre dans le monde, mais elle réserve généralement le terme de Création pour désigner la première action primordiale qui a donné naissance à l'univers ex-nihilo (Nouis, 2001). Or, la théologie du Process rejette la création ex-nihilo et refuse l'omnipotence de Dieu tout en affirmant que "Dieu est dans le monde et que le monde est en Dieu", ce qui s'enracine solidement dans la tradition biblique (Barth, 1960 ; Cobb, 1969 ; Gounelle, 1981). Cette théologie intègre aussi la connaissance scientifique et cherche donc à tenir compte des hypothèses actuelles de la recherche.

Dans la théologie fondamentaliste, l'écriture est dans la littéralité de la Bible, c'est la parole même de Dieu : ainsi, considérant l'objectivité des faits décrits dans la Bible, celle-ci peut résister à l'épreuve scientifique, car elle est infaillible en tous les domaines (Geffé, 2006).

À l'opposé, la théologie apophatique ou négative remonte à Denys l'Aréopagite (premier évêque d'Athènes) et découle naturellement du néo-platonisme, l'essence de Dieu étant par définition inconnaissable. Cet Au-delà de Tout, cet « Un », l'« Être », le Theotes, ne peut supporter aucune définition, aucun qualificatif humain et n'être abordé par aucun concept que l'intelligence humaine puisse élaborer. Selon Corbin (1981), seule une théologie apophatique pourra résoudre le mystère de l' "Être". Les théologies apophatiques ne sont pas agnostiques, mais bien mystiques et s'appuient sur deux convictions : - pour l'homme moderne, Dieu ne peut avoir de réalité, et - Dieu n'est pas essentiel à l'Evangile (Ford, 1978). Définir Dieu par un néant suressentiel a influencé la théologie mystique médiévale, comme celle de Thomas d'Aquin (1228-1274) ou de Maître Eckhart (1260-1327).

(Christian C. EMIG)

Dieu est Néant

Et cet autre texte, que je fais mien, bien volontiers :

Dans la tradition juive, on trouve une certaine similitude. Déjà, le nom de Dieu, y était imprononçable. Mais encore : dans le Saint des Saints du dernier Temple, le lieu sacré par excellence, qu'y avait-il pour représenter Dieu ? Rien, le vide, l'absence : Dieu ne pouvait être représenté par rien, et le rien était la meilleure image de Dieu. Dieu est un creux, un manque, une aspiration, un doute, une question. Dieu est un espace dans lequel tout est possible, c'est une liberté, une ouverture. Ainsi, Dieu n'est-il jamais si présent dans la création que lors du jour du Sabbat où il ne fait rien... La bénédiction, c'est le non matériel, c'est le sens qui est avant et au-delà de toute chose et de toute action.

De même, le message fondamental de Pâques, est le tombeau vide : la foi chrétienne repose sur une absence, sur un vide. Et c'est grâce à cette absence de corps que le Christ peut aujourd'hui être dit présent parmi nous, et en nous de mille manières. Nous croyons dans un Christ vivant parmi nous, mais c'est un Christ qui n'a plus de présence matérielle. Ainsi, les chrétiens mettent-ils leur foi dans une présence symbolique qui est en fait "absence réelle" ; présence au-delà de toute matérialité. Parce qu'elle est un rien matériel, elle peut être tout pour nous. Parce que Dieu est au-delà du temps et de l'espace il peut être un partout et un toujours. Il est un rien qui est un tout donné pour l'éternité.

Pasteur Louis Pernot
(Revue Evangile et Liberté - Numéro 204 - Décembre 2006)

Et je pense à Maître ECKART (1260 – 1328), philosophe, théologien et mystique allemand. Il lit ainsi le verset 8 du chapitre 9 des Actes des Apôtres:

Saul se releva de terre, mais, quoiqu'il eût les yeux ouverts, il vit rien (il vit le néant).

Il me semble, dit encore le Pasteur Louis PERNOT, que ce petit mot (le rien, le néant que voit Paul) a quatre significations :
• La première : quand il se releva de terre, les yeux ouverts, il vit le néant et ce néant était Dieu.
• La deuxième : lorsqu'il se releva, il ne vit rien d'autre que Dieu.
• La troisième : en toutes choses, il ne vit rien d'autre que Dieu.
• La quatrième : quand il vit Dieu, il vit toutes choses comme un néant.

Vous pensez bien que ce commentaire a fait grand bruit, surtout le premier sens "*Paul ouvrant les yeux vit rien, et ce rien, ce néant était Dieu*" ! Ce n'est pas une erreur ni une provocation de sa part, cette étonnante conclusion résume même un point essentiel de la pensée d'Eckhart...

Ce que Paul voit alors, c'est bien Dieu, puisque c'est lui qui lui a parlé, qui le ressuscite et lui ouvre les yeux. Juste avant, le texte nous dit que les hommes qui voyageaient avec Paul, eux, "ne voient personne" contrairement à Paul, qui lui "voit rien". Il y a une différence : les hommes entendent la voix, il y a bien quelqu'un, mais ils ne voient pas "la personne" qui parle. Par contre, Dieu donne à Paul d'être élevé au-dessus de la terre, jusqu'au troisième ciel, nous dit-il, au point de ne savoir si c'était vraiment physiquement qu'il a vécu cela. Et ce qu'il a vu et entendu, dit-il dans sa deuxième lettre aux Corinthiens (12, 2-4), il ne peut rien en dire, sauf que ça a eu lieu. Dans le livre des Actes, ce que Paul trouve de plus fidèle à dire, c'est qu'il a vu, et que ce qu'il a vu c'était un néant. Ce qu'il voit ce n'est pas "personne", il voit quelqu'un mais ce qu'il voit, il l'appelle quand même "un rien", "un néant", un invisible.

Pour moi, et cela surprend toujours ceux à qui je le dis comme cela, Dieu EST Néant. Ce qui signifie qu'IL EST, mais jamais comme, mais jamais où, mais jamais quand tu prétends le découvrir. Dieu n'est pas ICI. Il n'est pas LA. Il EST nulle part.

Et pourtant, je le crois, IL EST. Mais, s'il n'y avait pas Jésus, je ne saurais rien dire de LUI.

Alors, quand je prie, je prie Qui ?

La PRIERE

Quand je prie, je fais d'abord le vide en moi. Je me concentre sur ce qu'il y a de plus profond en moi, je me vide à proprement parler. Jusqu'à atteindre le fond du fond du fond, ce NEANT, qui en réalité est TOUT. Je n'élève pas mon âme vers Dieu, comme disait le catéchisme de mon enfance, mais je descends dans les profondeurs pour y trouver Dieu.

Ce catéchisme de mon enfance me demandait à la question 58 :

- *Qu'est-ce que l'âme ?*

Et je répondais :

- *L'âme est un esprit créé à l'image de Dieu et pour être uni à un corps, et qui ne périra jamais; c'est pourquoi elle est immortelle.*

Et là, mon petit catéchisme a raison : je porte en moi l'empreinte de Dieu. Comme le Christ de la Lettre aux Colossiens, je suis "l'icône du Dieu invisible".

Donc, quand je prie, il est possible à l'observateur extérieur de dire que je me parle à moi-même, mais je sais bien plutôt que je parle à ce Dieu dont mon âme est l'icône.

C'est alors qu'il faut ajouter ce passage de la deuxième lettre de Jean :

Dieu, personne ne l'a jamais vu.
Si nous nous aimons les uns les autres,
Dieu demeure en nous,
en nous son amour est accompli.
(1Jean 4, 12)

Comprenne qui pourra !

Notre Père… et cætera – Variations sur la PRIERE

J'ai longtemps déploré ne pas savoir prier. Je ne savais pas quoi dire, ni comment le dire. J'avais parfois le sentiment de parler dans le vide. Et pourtant j'avais appris par cœur les questions et les réponses de mon catéchisme…

… jusqu'au jour où…

… au cours d'une récollection, un ami nous fit découvrir que Jésus, tel qu'il était présenté dans les évangiles, semblait ne pas avoir d'autre désir que de réaliser le désir de son Père. Ce fut pour moi comme une illumination. Je compris tout d'un coup pourquoi, lorsque ses disciples lui demandèrent de leur apprendre à prier, il leur dit : *Quand vous priez, dites : 'Père, que ton nom soit sanctifié, que ton règne vienne.* Il leur enseignait, il nous enseigne aujourd'hui, à intégrer le désir du Père à leur propre désir, à notre propre désir : que les humains découvrent la beauté de Dieu et la grandeur de son Royaume, ou de son Règne. " *Ne vous inquiétez pas pour votre vie de ce que vous mangerez, ni pour votre corps de quoi vous le vêtirez... Votre Père céleste sait que vous avez besoin de tout cela., Cherchez d'abord le Royaume de Dieu et sa justice, et tout cela vous sera donné par surcroît* " (Matthieu 6, 25 & 33).

Et pour nous ? Quelques repères :

- Toute prière commence par un grand silence. *"Si tu veux parler, commence par te taire !"*.

- La Prière de Demande : Dieu sait ce dont nous avons besoin avant que nous le demandions. Donc nous mettre en état de recevoir ce qu'Il désire nous donner : "*Votre Père sait ce dont vous avez besoin, avant que vous le lui demandiez*". (Matthieu 6, 8)

- La Prière est totalement inutile et absolument indispensable :

> *Tu n'as pas besoin de notre louange,*
> *et pourtant c'est Toi qui nous inspires de Te rendre grâces;*
> *nos chants n'ajoutent rien à ce que Tu es,*
> *mais ils nous rapprochent de Toi par le Christ notre Seigneur.*
> (Préface commune 5)

- J'aime beaucoup cet aphorisme attribué à Ignace de LOYOLA :

Aie foi en Dieu,
comme si tout le succès dépendait de toi, en rien de Dieu.
Cependant, mets la main à l'ouvrage,
comme si rien ne devait advenir par toi, tout par Dieu seul.

- Jésus n'a (presque) rien inventé. Il a repris seulement à son compte le QADDISH juif :

Que soit grandi et sanctifié le Nom du Maître, dans le monde qu'Il a créé selon son vouloir.
Qu'Il fasse régner son règne en votre vie et de vos jours,
dans la vie de toute la maison d'Israël, bientôt et dans un temps prochain.
(Dites) AMEN

Que béni soit le Nom du Maître, dans le monde et l'éternité.
Que soit béni, loué, honoré, élevé, exalté, illustré, magnifié et glorifié le Nom du Saint, béni soit-il,
au-dessus de toute bénédiction et de tout chant, de toute louange, de toute consolation
qui se prononcent dans le monde.
(Dites) AMEN.

Que soient reçues les prières et les supplications de tous ceux d'Israël,
devant leur Père qui est au ciel.
(Dites) AMEN.

Que soit béni le Nom de Dieu, d'ici jusqu'en l'éternité.
Qu'une grande paix du ciel et que la vie soient sur nous et tout Israël.
(Dites) AMEN.

Mon aide vient de Dieu qui fit la terre et les cieux.
Celui qui dans les hauteurs fait la paix, que sur nous il fasse la paix et sur tout Israël.
(Dites) AMEN.

PROPOS (provisoires, et donc discutables) sur la PRIERE

- Il nous faut toujours EVANGELISER notre PRIERE (Evangéliser = Rendre conforme à l'Evangile). Tout en nous a besoin d'être évangélisé : notre manière de voir, de dire, d'agir, de concevoir le monde et les hommes, mais aussi notre Foi, notre Espérance, notre Charité... et notre Relation à Dieu.

- Parvenir à agir à l'intérieur de la prière, et à prier à l'intérieur même de l'activité.

- La Prière analogue à la concentration des énergies de l'athlète avant l'épreuve, et à la récupération après. La prière avant l'action, et après.

- Croire que Dieu parle en premier. La Prière commence par l'écoute de Dieu qui parle :
    - rarement directement
    - par l'Ecriture entendue en Eglise, et qui traverse ma vie, car la Parole de Dieu peut jaillir lorsque l'Ecriture traverse par ma propre vie.
    - souvent par l'autre, ou par un événement
" *Tais-toi avant de parler... et écoute ! ; sinon tu risques fort de ne parler ... qu'à toi-même !* ".

- Quel est le plus important : savoir parler à Dieu, qui sait d'avance ce que je vais Lui dire, ou apprendre à écouter Dieu, alors que je ne sais pas ce qu'il désire me dire ?

- J'aime la prière des gens simples : le chapelet – la prière répétitive. Ne jamais mépriser la prière des gens simples... Devenir simples...

- La Prière des Moines et des Moniales : Les monastères sont le poumon de l'Eglise. La prière des moines, des moniales, est absolument indispensable à l'Eglise, et donc à l'Humanité. Ils prient pour moi. Me laisser aspirer par leur prière.

- Et puis, il y a ce qu'on nomme "la Communion des Saints". Je peux prier le Père pour ceux qui ont vécu il y a longtemps, aussi bien que pour ceux qui ne sont pas encore nés...

- " *Que Ton Règne vienne ...* " (sous-entendu " en notre monde ") : Pourquoi ce souhait adressé au Père, si nous ne créons pas en ce monde et en ce temps les conditions de la venue de ce Règne ? " *Ne vous inquiétez pas pour votre vie de ce que vous mangerez, ni pour votre corps de quoi vous le vêtirez... Votre Père céleste sait que vous avez besoin de tout cela., Cherchez d'abord le Royaume de Dieu et sa justice, et tout cela vous sera donné par surcroît* " (Matthieu 6, 25 & 33).

- Et la Prière des déprimés, des inquiets, des angoissés, de ceux qui n'ont aucune confiance en eux, et donc ne peuvent pas faire confiance ?... L'Absence ou l'impossibilité de la Prière, malgré le désir de prier, ne serait-elle pas déjà une Prière ? Y aurait-il une prière de désir, comme il existe un Baptême de désir ?

- Bernadette, atteinte d'un cancer en phase terminale, qui savait qu'elle allait mourir, me disait : "*En ce moment, je dis le Notre Père à l'envers : Notre Père qui n'es pas aux cieux, que ton nom ne soit pas sanctifié, que ton règne ne vienne pas...*". Et je lui répondais : "*Mais cela aussi, c'est une prière*". Je pensais à ces psaumes de la Bible, dans lesquels le croyant invective Dieu :

Combien de temps, Seigneur, vas-tu m'oublier,
combien de temps, me cacher ton visage ?
Combien de temps aurai-je l'âme en peine et le cœur attristé chaque jour ?
Combien de temps mon ennemi sera-t-il le plus fort ?
(Psaume 12)

ou encore :

"Dieu ! Casse-leur les dents dans la gueule ;
Seigneur, démolis les crocs de ces lions.
Qu'ils s'écoulent comme les eaux qui s'en vont !
Que Dieu ajuste ses flèches et les voici fauchés !
Qu'ils soient comme la limace qui s'en va en bave !
Comme le fœtus avorté, qu'ils ne voient pas le soleil !" ?
(Psaume 58)

ou encore :

Mon Dieu, fais-les tourbillonner
comme de la paille en plein vent.
Tel un feu qui dévore la forêt,
telle une flamme qui embrase les montagnes,

poursuis-les de ta bourrasque,
épouvante-les par ton ouragan.
Couvre de confusion leur visage,
et qu'ils cherchent ton nom, Seigneur !

Frappés pour toujours d'épouvante et de honte,
qu'ils périssent, déshonorés,
qu'ils sachent que tu portes le nom de Seigneur,
toi seul, le Très-Haut sur toute la terre

(Psaume 83)

Blaise PASCAL (1623 – 1662) - Pensées (commencées en 1656)

La PRIERE
(Référence : Edition BRUNSCHWIG)

930-513 Pourquoi Dieu a établi la prière?
1. Pour communiquer à ses créatures la dignité de la causalité[1].
2. Pour nous apprendre de qui nous tenons la vertu.
3. Pour nous faire mériter les autres vertus par travail.
Mais pour se conserver la primauté il donne la prière à qui il lui plait.
Objection : mais on croira qu'on tient la prière de soi.
Cela est absurde, car puisque ayant la foi on ne peut avoir les vertus.
Comment aurait-on la foi? Y a(-t-)il pas plus de distance de l'infidélité à la foi que de la foi à la vertu?
Mériter, ce mot est ambigu.

946-785 2. Considérer JÉSUS CHRIST. en toutes les personnes, et nous-mêmes. JÉSUS CHRIST. comme père en son père. JÉSUS CHRIST. comme frère en ses frères. JÉSUS CHRIST. comme pauvre en les pauvres. JÉSUS CHRIST. comme riche en les riches. JÉSUS CHRIST. comme docteur et prêtre en les prêtres. JÉSUS CHRIST. comme souverain en les princes, etc. Car il est par sa gloire tout ce qu'il y a de grand, étant Dieu; et est par sa vie mortelle, tout ce qu'il y a de chétif et d'abject. Pour cela il a pris cette malheureuse condition, pour pouvoir être en toutes les personnes et modèle de toutes conditions.

417-548 Non seulement nous ne connaissons Dieu que par Jésus-Christ, mais nous ne nous connaissons nous-mêmes que par JÉSUS CHRIST.; nous ne connaissons la vie, la mort que par Jésus-Christ. Hors de JÉSUS CHRIST. nous ne savons ce que c'est ni que notre vie, ni que notre mort, ni que Dieu, ni que nous-mêmes.

Ainsi sans l'Écriture qui n'a que JÉSUS CHRIST. pour objet, nous ne connaissons rien, et ne voyons qu'obscurité et confusion dans la nature de Dieu et dans la propre nature.

---

[1] D'abord, Dieu veut avoir des témoins, non qu'Il ait besoin Lui-même de leur témoignage, mais pour ennoblir ceux dont Il fait ses témoins. C'est ce que nous voyons également dans l'ordre de l'univers: Dieu produit certains effets par des causes secondes, non qu'Il soit impuissant à les produire immédiatement, mais parce qu'Il daigne, pour les ennoblir, **communiquer à ces causes secondes la dignité de la causalité**. Ainsi donc, Dieu aurait pu par Lui-même illuminer tous les hommes et les amener à la connaissance de Lui-même; cependant, pour préserver l'ordre qui doit être dans le monde et ennoblir certains hommes, Il a voulu que la connaissance divine parvînt aux hommes par d'autres hommes — Vous êtes vraiment mes témoins, dit le Seigneur.

PRIER au Sas Quinette

Au HAVRE, l'essentiel de la communication entre le Centre-Ville et le Port maritime s'effectue par le "Sas Quinette", un pont mobile qui s'ouvre régulièrement pour laisser entrer ou sortir les navires, puis se referme pour laisser place à la circulation des personnes et des véhicules.

Un soir, entre amis, nous parlions de la Prière : Comment tu pries ? Pourquoi tu pries ? Où tu pries ?

Et l'un d'entre nous, qui travaille dans une Entreprise de manutention portuaire, nous dit alors : "*Moi, je prie au Sas Quinette. Quand j'arrive en voiture et que le pont est ouvert, je me dis que j'ai au moins cinq à dix minutes à attendre, alors j'en profite pour occuper ce temps libre à prier !*".

La PRIERE de JESUS

Je suis étonné par l'imagination débordante de ceux et de celles qui évoquent la prière de Jésus. Comme s'ils avaient été présents lorsque Jésus priait. Comme s'ils avaient entendu ce qu'il disait.

Or, que nous révèlent les auteurs des évangiles de la prière de Jésus ?

Luc 6, 12 - *Or il advint, en ces jours-là, qu'il s'en alla dans la montagne pour prier, et il passait toute la nuit à prier Dieu.*

Luc 9,18 - *Et il advint, comme il était à prier, seul, n'ayant avec lui que les disciples, qu'il les interrogea en disant: "Qui suis-je, au dire des foules?"*

Luc 9, 28 - *Or il advint, environ huit jours après ces paroles, que, prenant avec lui Pierre, Jean et Jacques, il gravit la montagne pour prier. Et il advint, comme il priait, que l'aspect de son visage devint autre, et son vêtement, d'une blancheur fulgurante.*

Luc 11, 1-4 - *Et il advint, comme il était quelque part à prier, quand il eut cessé, un de ses disciples lui dit: "Seigneur, apprends-nous à prier, comme Jean l'a appris à ses disciples." Il leur dit: "Lorsque vous priez, dites: Père, que ton Nom soit sanctifié; que ton règne vienne; donne-nous chaque jour notre pain quotidien; et remets-nous nos péchés, car nous-mêmes remettons à quiconque nous doit; et ne nous soumets pas à la tentation."*

Luc 18, 1 - *Et il leur disait une parabole sur ce qu'il leur fallait prier sans cesse et ne pas se décourager.*

Matthieu 26 36-44 - *Alors Jésus parvient avec eux à un domaine appelé Gethsémani, et il dit aux disciples: "Restez ici, tandis que je m'en irai prier là-bas." Et prenant avec lui Pierre et les deux fils de Zébédée, il commença à ressentir tristesse et angoisse. Alors il leur dit: "Mon âme est triste à en mourir, demeurez ici et veillez avec moi." Etant allé un peu plus loin, il tomba face contre terre en faisant cette prière: "Mon Père, s'il est possible, que cette coupe passe loin de moi ! Cependant, non pas comme je veux, mais comme tu veux." Il vient vers les disciples et les trouve en train de dormir; et il dit à Pierre: "Ainsi, vous n'avez pas eu la force de veiller une heure avec moi! Veillez et priez pour ne pas entrer en tentation: l'esprit est ardent, mais la chair est faible." A nouveau, pour la deuxième fois, il s'en alla prier: "Mon Père, dit-il, si cette coupe ne peut passer sans que je la boive, que ta volonté soit faite!" Puis il vint et les trouva à nouveau en train de dormir; car leurs* *yeux étaient appesantis. Il les laissa et s'en alla de nouveau prier une troisième fois, répétant les mêmes paroles.*

Si je fais abstraction de la "prière sacerdotale" de Jésus, au chapitre 17 de l'évangile de Jean, qui semble bien être une reconstitution tardive, lorsque Jésus est en prière, que dit-il ? On ne le sait pas. On ne nous le dit pas. Nous savons simplement que Jésus est "à l'écart", "dans la montagne", et qu'il prie. Mais nous ne connaissons rien du contenu de sa prière. Personne n'était présent pour prendre des notes à propos de ce que Jésus disait. Tout se passe comme si, lorsqu'il se met en prière, c'est pour faire le point, se remettre en état d'intérioriser de nouveau le désir de son Père. Comme s'il se taisait. Comme s'il se mettait en état de disponibilité.

La seule fois où il a consenti à éclairer ses disciples sur la prière, ce ne fut pas pour leur enseigner une prière, mais pour leur révéler le modèle de toute prière :

1- TU FAIS SILENCE et tu penses à LUI : *Notre Père qui ES aux cieux, que TON nom soit sanctifié, que TON règne vienne, que TA volonté soit faite sur la terre comme au ciel.*

2- Alors seulement tu parles, mais AU NOM DE tes frères, dans l'Eglise et en humanité. Et tu ne dis pas JE mais NOUS, non pas MIEN, mais NOTRE.
   a. *" Donne-NOUS aujourd'hui NOTRE pain de ce jour "* : Cette demande est pour tous les hommes. Or, pouvons-nous adresser cette demande, nous qui sommes assurés de notre pain de demain, et même du mois prochain, si nous ne faisons pas tout pour mettre en place un monde où les ressources et les richesses seront mieux réparties ? si le désir du pain eucharistique pour nous n'est pas accompagné du désir du pain physique pour tous? Pensons que, sur notre planète riche de 7 milliards d'individus, près de 2 milliards ne sont pas assurés du pain de CE jour !
   b. *Pardonne-NOUS NOS offenses, comme NOUS pardonnons à ceux qui NOUS ont offensés.* Ce qui signifie que nous ne serons certains d'être en paix avec LUI, que si nous avons fait la paix avec les autres.
   c. *Et ne NOUS laisse pas entrer en tentation, mais délivre-NOUS du mal.*

PRIERE et LITURGIE

A ATHENES, au temps de la Démocratie (5°-3° siècles av. J.C)

Le concept de **liturgie** vient du grec "leitourgia" (de *laós*, "le peuple" et de la racine *ergo*, "faire, accomplir").
Le terme n'a à l'origine rien de religieux et signifie le financement sur fonds privés de certaines fonctions publiques. En effet, ATHENES n'avait pas à proprement parler de budget, et les citoyens les plus riches étaient donc mis directement à contribution pour engager directement toutes les dépenses publiques nécessaires, à des fins militaires, politiques ou religieuses. On pourrait dire que les Liturges étaient les "sponsors" de l'époque.

Il y avait deux catégories principales de liturgies :

- La première concernait les fêtes, nombreuses à Athènes. La plus connue est celle de la chorégie. Chaque année, trois chorèges étaient désignés. Chaque chorège devait prendre en charge l'entretien du chœur, le recrutement des acteurs et les frais des représentations théâtrales : dithyrambes, tragédies et comédies. C'est ainsi qu'en 472, le jeune Périclès fut le chorège d'Eschyle, qui présentait cette année-là une trilogie dans laquelle figuraient *les Perses*.
- La deuxième, appelée triérarchie, consistait en l'entretien d'un navire de guerre. Le triérarque était nommé par un stratège. Athènes disposant de plusieurs centaines de trières, il y avait sans doute autant de triérarques. Il semble cependant que certains citoyens très riches aient pu assurer la même année l'entretien de plusieurs navires.

Il existait également des liturgies moins prestigieuses (et sans doute moins onéreuses), telles que la gymnasiarchie, pour l'entretien des gymnases et le financement des concours athlétiques, ou l'estiasis qui couvrait les frais de banquets.

La liturgie, véritable mécénat politique, était un honneur. Elle conférait un indéniable prestige au citoyen qui l'exerçait. Celui-ci profitait de l'occasion qui lui était offerte pour prodiguer ses largesses et se faire connaître et apprécier. Les chorèges couronnés à l'issue des concours dramatiques prirent l'habitude d'ériger des colonnes sur lesquels ils exhibaient leurs trophées de victoire. Les riches métèques pouvaient être chorèges mais pas triérarques.

A l'issue de leur liturgie, les triérarques et chorèges sortants devaient, comme les magistrats, se soumettre au contrôle de l'*euthyna*, procédure de reddition des comptes, bien qu'ils n'aient, en principe, utilisé que leurs fonds personnels.

Dans les Eglises chrétiennes

Les premiers croyants ont emprunté à la Démocratie athénienne deux concepts-clés : "Eglise" et "Liturgie".

On nommait "Ecclésia" (Eglise) à Athènes, l'Assemblée des hommes libres (= ni femmes, ni enfants, ni esclaves), convoquée pour voter les lois. Et on nommait "Liturgie" le service public assuré par des hommes libres fortunés (voir plus haut).

Peut-être, les premiers croyants de langue grecque ont-ils choisi ces deux termes, entre les années 40 et 50, c'est-à-dire très tôt après la mort-résurrection du Christ, parce qu'ils avaient le sentiment que la confiance qu'ils accordaient au message du Christ était véritablement libératrice. Ce que Paul résumera quelques années plus tard, en écrivant : *(Lorsque vous êtes assemblés) Vous êtes tous fils de Dieu, par la foi, dans Christ Jésus. Vous tous en effet, baptisés dans le Christ, vous avez revêtu le Christ : il n'y a ni Juif ni Grec, il n'y a ni esclave ni homme libre, il n'y a ni homme ni femme; car tous vous ne faites qu'un dans le Christ Jésus.* (Galates 3, 26-28). Autrement dit, dans la Communauté des baptisés, tous sont libres. Puisque la Foi les rend libres. Et Paul continue, toujours dans cette même Lettre aux Galates : *C'est pour que nous restions libres que le Christ nous a libérés. Donc tenez bon et ne vous remettez pas sous le joug de l'esclavage. C'est moi, Paul, qui vous le dis: si vous vous faites circoncire, le Christ ne vous servira de rien... En effet, dans le Christ Jésus ni circoncision ni incirconcision ne comptent, mais seulement la foi opérant par la charité.* (Galates 5, 1-5)

Prière personnelle en Eglise

La liturgie est une action communautaire, l'action du peuple de Dieu.
Elle est aussi l'action de Dieu "pour" son Peuple.
Et enfin l'action de Dieu et du Peuple réunis au service du monde et de l'Humanité. "*Prions ensemble au moment d'offrir le sacrifice de toute l'Eglise – Pour la Gloire de Dieu et le Salut du monde*".
La liturgie n'existe que pour la gloire de Dieu et le Salut du monde.

C'est par excellence, la "Prière de l'Eglise", en tant que Communauté assemblée en Peuple de Dieu.

CRIER... PRIER ...

Le chapitre 3 du Livre de l'Exode nous raconte que les Hébreux sont traités en esclaves par les Egyptiens. Un jour, Moïse monte sur la montagne, et il entend l'Eternel lui dire : *"J'ai vu, j'ai vu la misère de mon peuple qui est en Egypte.* **J'ai entendu son cri devant** *ses oppresseurs; oui, je connais ses angoisses. Je suis descendu pour le délivrer de la main des Egyptiens et le faire monter de cette terre vers une terre plantureuse et vaste, vers une terre qui ruisselle de lait et de miel, vers la demeure des Cananéens, des Hittites, des Amorites, des Perizzites, des Hivvites, et des Jébuséens. Maintenant,* **le cri des Israélites est venu jusqu'à moi**, *et j'ai vu l'oppression que font peser sur eux les Egyptiens. Maintenant va, je t'envoie auprès de Pharaon, fais sortir d'Egypte mon peuple, les Israélites."* (Exode 3, 7-10)

Les Hébreux ont crié. Ils n'ont pas crié "vers" l'Eternel. Ils ont crié. Ils ont gueulé : *"Il y en a marre. Ca ne peut pas durer. Si nous ne faisons rien, nous allons tous y laisser notre peau"*. Et l' Eternel a entendu. Et l'Eternel répond. Donc ces cris étaient des prières.

J'aime ce texte.

Ainsi l'Ecriture nous révèle qu'il y a de multiples formes de prières. Et qu'elles ne disent pas toutes : *"Alleluia ! Alleluia !"*. Tout cri est comme une prière. Même le cri poussé contre Dieu. Même ce cri : *"Mais qu'est-ce donc que j'ai fait au Bon Dieu ,..."* est une prière.

Et Jésus sur la croix : *"Et à la neuvième heure Jésus clama en un grand cri: "Elôï, Elôï, lema sabachthani", ce qui se traduit: "Mon Dieu, mon Dieu, pourquoi m'as-tu abandonné?"* (Marc 15, 34)

Tu me diras que ce cri est le début du psaume 22... Mais justement, Jésus sait ce qu'il dit. Comme celui qui avait écrit ce psaume, il fait l'expérience de la solitude radicale, de la totale déréliction. Et il commence, sans pouvoir continuer sans doute, car le souffle lui manque, cette interpellation tragique à ce Père dont il a le sentiment qu'il le laisse tomber au moment suprême :

2 Mon Dieu, mon Dieu, pourquoi m'as-tu abandonné?
Loin de me sauver, les paroles que je rugis!
3 Mon Dieu, le jour j'appelle et tu ne réponds pas,
la nuit, point de silence pour moi.
4 Et toi, le Saint,
qui habites les louanges d'Israël!
5 en toi nos pères avaient confiance,

confiance, et tu les délivrais,
6 vers toi ils criaient, et ils échappaient,
en toi leur confiance, et ils n'avaient pas honte.
7 Et moi, ver et non pas homme,
risée des gens, mépris du peuple,
8 tous ceux qui me voient me bafouent,
leur bouche ricane, ils hochent la tête:
9 "Il s'est remis à Yahvé, qu'il le délivre!
qu'il le libère, puisqu'il est son ami!"
10 C'est toi qui m'as tiré du ventre,
ma confiance près des mamelles de ma mère;
11 sur toi je fus jeté au sortir des entrailles;
dès le ventre de ma mère, mon Dieu c'est toi.
12 Ne sois pas loin: proche est l'angoisse,
point de secours!
13 Des taureaux nombreux me cernent,
de fortes bêtes de Bashân m'encerclent;
14 contre moi bâille leur gueule,
lions lacérant et rugissant.
15 Comme l'eau je m'écoule
et tous mes os se disloquent;
mon cœur est pareil à la cire,
il fond au milieu de mes viscères;
16 mon palais est sec comme un tesson,
et ma langue collée à ma mâchoire.
Tu me couches dans la poussière de la mort.
17 Des chiens nombreux me cernent,
une bande de vauriens m'entoure;
comme pour déchiqueter mes mains et mes pieds.
18 Je peux compter tous mes os,
les gens me voient, ils me regardent;
19 ils partagent entre eux mes habits
et tirent au sort mon vêtement.
20 Mais toi, Yahvé, ne sois pas loin,
ô ma force, vite à mon aide;

21 délivre de l'épée mon âme,

de la patte du chien, mon unique;

22 sauve-moi de la gueule du lion,

de la corne du taureau, ma pauvre âme.

(Psaume 22)

Ne jamais te résigner.

Ne jamais accepter de subir.

La révolte est légitime.

La révolte est bonne.

La révolte est une prière.

Lisa et la PRIERE

Lisa a été adoptée. Elle avait six ans à son arrivée en France, venant de l'ex-Yougoslavie.

Dès le premier soir qu'elle fut avec sa maman, celle-ci dit devant elle, avec elle (mais elle ne comprenait pas encore la langue française) la prière du Notre Père.

Et ainsi chaque soir.

Deux mois après son arrivée, des amis viennent, et s'étonnent de l'entendre parler un français déjà correct. "*Comment as-tu appris le français ?*", lui demandent-ils. "*Bah ! par le Notre Père !*", répond-t-elle.

Elle avait vécu quelques temps dans une famille musulmane, et avait vu les hommes avec le chapelet musulman aux 99 grains, correspondant aux 99 noms de Dieu.

Un jour, chez moi, elle trouve un de mes chapelets.

Elle le prend entre ses mains, et l'égrène, disant à chaque grain :

Jésus
Jésus
Jésus
Jésus
Jésus...

Mettre un cierge

FATIMA, LOURDES, LA SALLETTE, tous les grands lieux de pèlerinage sont aussi des lieux où le commerce des cierges est florissant. J'ai connu jadis une paroisse où le produit du tronc des cierges à sainte Rita permettait au curé d'assumer la rémunération prévue pour son vicaire ... !

Faire brûler un cierge. Quelle est la signification de ce geste ?

C'est tout simple. Je prends le cierge au présentoir. Je verse la somme prévue dans le tronc. J'allume le cierge. Je le dépose près de la statue du saint auquel j'adresse ma prière. Et je prie. Puis je pars, laissant le cierge brûler, symbolisant ma prière qui continue.

Ce geste paraît bizarre aux croyants qui se croient "évolués". C'est vrai. C'est bizarre. Mais des dizaines de millions de gens dans le monde déposent ainsi des cierges au pied de la statue de leur saint favori, censé apporter chacun son aide particulière et personnalisée : saint Expédit lorsqu'on part en voyage, sainte Philomène pour toute grâce à obtenir, sainte Rita dans les cas désespérés, saint Antoine lorsqu'on a perdu quelque chose... sans parler de cette myriade des saints guérisseurs de nos régions, spécialisés chacun dans une affection particulière.

Nous sommes ici en plein dans ce qu'on nomme "la religion populaire", c'est-à-dire la croyance (irrationnelle) qu'entre chaque individu et la divinité suprême inaccessible, il y a plusieurs intermédiaires possibles, et divers rites à mettre en œuvre. C'est pourquoi les Grecs se rendaient à Delphes interroger la Pythie, sur son trépied. C'est pourquoi les Hindous se baignent dans le Gange. C'est pourquoi les Musulmans se rendent à La Mecque. Et les Chrétiens à Lourdes, à Guadalupe, ou dans d'autres lieux de pèlerinage. C'est aussi pourquoi les marabouts de nos cités populaires font de si bonnes affaires...

Un ami me citait le cas d'une de ses cousines dont le mari était atteint d'un cancer, et qui lui avait dit un jour : *"J'ai hésité à mettre un cierge à l'église de ma paroisse, de peur que quelqu'un ne me reconnaisse... alors, je suis allé en mettre un à la Cathédrale...!"*.

Quant à moi, suis-je bien certain que je ne mettrais pas un cierge le jour où l'un de mes tout-proches serait dans le même cas ?

Le CHAPELET

Parmi les formes de la prière populaire, il y a la prière répétitive, celle qui consiste à répéter plusieurs fois, et parfois pendant des heures, la même formule rituelle.

Elle remonte très loin dans le temps.

C'est le mantra du Bouddhisme et de l'Hindouisme, dont une des plus célèbres s'énonce ainsi : *Om mani padme hum,* répété plusieurs fois à l'infini.

C'est le "Kyrie eleison" des liturgies grecques et de nos liturgies, le "Gospodi pomiluj" des liturgies en langue slavonne.

C'est la prière litanique, formée d'une demande d'intercession, suivie d'une invocation, toujours la même, ainsi la Litanie des Saints :

Seigneur prends pitié. Seigneur prends pitié.
Ô Christ prends pitié. Ô Christ prends pitié.
Seigneur, prends pitié. Seigneur, prends pitié.

Sainte Marie, Mère de Dieu, priez pour nous.
Saint Michel, priez pour nous.
Saints Anges de Dieu, priez pour nous.
Saint Jean-Baptiste, priez pour nous.
Saint Joseph, priez pour nous.
Saint Pierre et saint Paul, priez pour nous.
Saint André, priez pour nous.
Saint Jean, priez pour nous.
Sainte Marie-Madeleine, priez pour nous.
Saint Etienne, priez pour nous.
Saint Ignace d'Antioche, priez pour nous.
Saint Laurent, priez pour nous.
Sainte Perpétue et sainte Félicité, priez pour nous.
Sainte Agnès, priez pour nous.
Saint Grégoire, priez pour nous.
Saint Augustin, priez pour nous.
Saint Athanase, priez pour nous.
Saint Basile, priez pour nous.
Saint Martin, priez pour nous.
Saint Benoît, priez pour nous.
Saint François et saint Dominique, priez pour nous.

Saint François Xavier, priez pour nous.
Saint Jean-Marie Vianney, priez pour nous.
Sainte Catherine de Sienne, priez pour nous.
Sainte Thérèse d'Avila, priez pour nous.
Vous tous, saints et saintes de Dieu, priez pour nous.

Montre toi favorable, délivre-nous, Seigneur
de tout mal, délivre-nous, Seigneur
de tout péché, délivre-nous, Seigneur
de la mort éternelle. délivre-nous, Seigneur
Par ton Incarnation, délivre-nous, Seigneur
par ta mort et ta Résurrection, délivre-nous, Seigneur
par le don de l'Esprit saint, délivre-nous, Seigneur

nous qui sommes pécheurs, de grâce, écoute-nous.
Jésus, Fils du Dieu vivant, de grâce, écoute-nous.
Ô Christ, écoute-nous, Ô Christ, écoute-nous.
Ô Christ, exauce-nous Christ, exauce-nous.

C'est la prière du chapelet, ou du Rosaire, qui eut pour origine la victoire de **Lépante**, remportée par la flotte chrétienne sur la flotte turque, le 7 octobre 1571, premier dimanche de ce mois, au moment où les pieuses confréries de Notre-Dame du Rosaire faisaient, selon la coutume, les prières et les processions prescrites par leurs règlements.

Les prières récitées dans un chapelet sont :

Sur la croix : le Credo.
Sur les gros grains : le Notre Père (*Pater Noster*).
Sur les petits grains : le Je vous salue Marie (*Ave Maria*).

À la fin d'une dizaine : le Gloria Patri (*Gloria Patri et Filio et Spiritui Sancto, sicut erat in principio, et nunc et semper, et in saecula saeculorum. Amen.* = Gloire au Père, au Fils et au Saint Esprit, comme il était au commencement, maintenant et toujours, et dans les siècles des siècles. Amen).

Un rosaire de quinze dizaines consiste à dire trois chapelets, un chapelet consiste en cinq *dizaines*, et une *dizaine* consiste en un *Pater*, dix *Ave* et un *Gloria*.

La prière répétitive est la prière des gens simples, des petits, des pauvres de cœur : *"Je te bénis, Père d'avoir caché ces choses aux sages et aux prudents, et de les avoir révélées aux petits"*. (Matthieu 11, 25)

Rendant un jour visite à une cousine de ma mère, qui habitait un petit port de pêche normand, et qui était aveugle, je m'aperçois que son horloge est en avance d'un quart d'heure sur l'heure légale. Je lui propose de remettre cette horloge à l'heure. Elle me dit alors : *"Y touche pas, malheureux, j'sais ben qu'elle avance. Mais quand elle sonne 9 heures, je sais qu'il est 9 heures moins le quart, et je mets Radio Vatican. Comme ça, j'ai les nouvelles du monde et je peux dire le chapelet !"*.

Des PRIERES

O Toi, l'Au-delà de tout...
(saint Grégoire de Nazianze (IVe siècle))

O toi l'au-delà de tout
N'est-ce pas là tout ce qu'on peut chanter de toi ?
Quelle hymne te dira, quel langage ?
Aucun mot ne t'exprime.
A quoi s'attachera-t-il ?
Tu dépasses toute intelligence.

Seul, tu es indicible, car tout ce qui se dit est sorti de toi.
Seul, tu es inconnaissable, car tout ce qui se pense est sorti de toi.
Tous les êtres, ceux qui pensent et ceux qui n'ont point la pensée,
te rendent hommage.

Le désir universel, l'universel gémissement tend vers toi.
Tout ce qui est te prie, et vers toi tout être qui pense ton univers
fait monter une hymne de silence.

Tout ce qui demeure, demeure par toi;
par toi subsiste l'universel mouvement. De tous les êtres tu es la fin;
tu es tout être, et tu n'en es aucun. tu n'es pas un seul être;
tu n'es pas leur ensemble ; tu as tous les noms et comment te nommerais-je,
toi qu'on ne peut nommer?

Quel esprit céleste pourra pénétrer les nuées qui couvrent le ciel même?
Prends pitié, 0 toi l'au-delà de tout
n'est-ce pas là tout ce qu'on peut chanter de toi ?

Prière de François d'Assise

Seigneur, Fais de moi un instrument de ta Paix,
Là où il y a la haine, que je mette l'Amour,
Là où il y a l'offense, que je mette le Pardon,
Là où il y a la discorde, que je mette l'Union,
Là où il y a l'erreur, que je mette la Vérité,
Là où il y a le doute, que je mette la Foi,
Là où il y a le désespoir, que je mette la Confiance,
Là où il y a la tristesse, que je mette la Joie,
Là où il y a l'obscurité, que je mette la Lumière,

O Seigneur, que je ne cherche pas tant
A être consolé, qu'à consoler,
A être compris, qu'à comprendre,
A être aimé, qu'à aimer.
Car c'est en donnant qu'on reçoit,
c'est en pardonnant qu'on est pardonné,
c'est en s'oubliant, qu'on se trouve,
Et c'est en mourant, qu'on naît à la vie éternelle.

Prières attribuées à saint Thomas MORE
(1478-1535)

Donne- moi, Seigneur, une bonne digestion,
et aussi… quelque chose à digérer…
Donne-moi la santé du corps
et l'intelligence de la conserver le mieux possible.

Donne-moi, Seigneur, une âme sainte,
Qui n'ait d'yeux que pour la beauté et la pureté,
Qui ne s'effarouche pas de voir le péché
Mais sache plutôt le vaincre.

Donne-moi une âme qui ignore l'ennui,
Le gémissement et le soupir.
Ne permets pas que je me fasse trop de souci
Pour cette chose encombrante que j'appelle "moi".

Seigneur, donne-moi l'humour
Pour que je tire quelques bonheurs de cette vie,
Sans que j'oublie d'en faire profiter mon prochain.

Dieu tout-puissant,
écarte de moi toute préoccupation de vanité,
tout désir d'être loué,
tout sentiment d'envie, de gourmandise,
de paresse, de luxure,
tout mouvement de colère,
tout appétit de vengeance,
tout penchant à souhaiter du mal à autrui
ou à m'en réjouir,
tout plaisir à provoquer la colère,
toute satisfaction que je pourrais éprouver
à admonester qui que ce soit
dans son affliction et son malheur.

Rends-moi, Seigneur bon,
humble et effacé,
calme et paisible,
charitable et bienveillant,
tendre et compatissant.

Accorde-moi, Seigneur bon,
une foi pleine,
une ferme espérance
et une charité fervente ;
un amour pour toi, Seigneur bon,
qui dépasse incomparablement
mon amour pour moi-même.
Chasse de moi, Seigneur bon,
ma tiédeur et mon manque de goût à te prier.
Accorde-moi d'être rempli de chaleur,
joyeux et vibrant,
lorsque je pense à toi.
Fais de nous tous, chaque jour,
Des membres vivants de ton Eglise..

Ballade pour prier Notre Dame
(François VILLON (1431 - ... ?)

Dame du ciel, régente terrienne,
Emperière des infernaux palus,
Recevez-moi, votre humble chrétienne,
Que comprise soie entre vos élus,
Ce nonobstant qu'oncques rien ne valus.
Les biens de vous, ma Dame et ma Maîtresse
Sont bien plus grands que ne suis pécheresse,
Sans lesquels biens âme ne peut mérir
N'avoir les cieux. Je n'en suis jangleresse :
En cette foi je veuil vivre et mourir.

A votre Fils dites que je suis sienne ;
De lui soient mes péchés abolus ;
Pardonne moi comme à l'Egyptienne,
Ou comme il fit au clerc Theophilus,
Lequel par vous fut quitte et absolus,
Combien qu'il eût au diable fait promesse
Préservez-moi de faire jamais ce,
Vierge portant, sans rompure encourir,
Le sacrement qu'on célèbre à la messe :
En cette foi je veuil vivre et mourir.

Femme je suis pauvrette et ancienne,
Qui riens ne sais ; oncques lettres ne lus.
Au moutier vois, dont suis paroissienne,
Paradis peint, où sont harpes et luths,
Et un enfer où damnés sont boullus :
L'un me fait peur, l'autre joie et liesse.
La joie avoir me fais, haute Déesse,
A qui pécheurs doivent tous recourir,
Comblés de foi, sans feinte ne paresse :
En cette foi je veuil vivre et mourir.

Vous portâtes, digne Vierge, princesse,
Iésus régnant qui n'a ni fin ni cesse.
Le Tout-Puissant, prenant notre faiblesse,
Laissa les cieux et nous vint secourir,
Offrit à mort sa très chère jeunesse ;
Notre Seigneur tel est, tel le confesse :
En cette foi je veuil vivre et mourir.

La prière pour tous.
Ora pro nobis !

Ma fille, va prier ! - Vois, la nuit est venue.
Une planète d'or là-bas perce la nue ;
La brume des coteaux fait trembler le contour ;
À peine un char lointain glisse dans l'ombre... Écoute !
Tout rentre et se repose ; et l'arbre de la route
Secoue au vent du soir la poussière du jour !

Le crépuscule, ouvrant la nuit qui les recèle,
Fait jaillir chaque étoile en ardente étincelle ;
L'occident amincit sa frange de carmin ;
La nuit de l'eau dans l'ombre argente la surface ;
Sillons, sentiers, buissons, tout se mêle et s'efface ;
Le passant inquiet doute de son chemin.

Le jour est pour le mal, la fatigue et la haine.
Prions, voici la nuit ! la nuit grave et sereine !
Le vieux pâtre, le vent aux brèches de la tour,
Les étangs, les troupeaux avec leur voix cassée,
Tout souffre et tout se plaint. La nature lassée
A besoin de sommeil, de prière et d'amour !

C'est l'heure où les enfants parlent avec les anges.
Tandis que nous courons à nos plaisirs étranges,
Tous les petits enfants, les yeux levés au ciel,
Mains jointes et pieds nus, à genoux sur la pierre,
Disant à la même heure une même prière,
Demandent pour nous grâce au père universel !

Et puis ils dormiront. - Alors, épars dans l'ombre,
Les rêves d'or, essaim tumultueux, sans nombre,
Qui naît aux derniers bruits du jour à son déclin,
Voyant de loin leur souffle et leurs boucles vermeilles,
Comme volent aux fleurs de joyeuses abeilles,
Viendront s'abattre en foule à leurs rideaux de lin !

Ô sommeil du berceau ! prière de l'enfance !
Voix qui toujours caresse et qui jamais n'offense !
Douce religion, qui s'égaye et qui rit !
Prélude du concert de la nuit solennelle !
Ainsi que l'oiseau met sa tête sous son aile,
L'enfant dans la prière endort son jeune esprit !

Juin 1830.

Victor Hugo (1802-1885).
(Les feuilles d'automne 1831)

PRIERE POUR ALLER AU PARADIS AVEC LES ANES
Francis JAMMES (1868 – 1938)

Lorsqu'il faudra aller vers vous, ô mon Dieu, faites
que ce soit par un jour où la campagne en fête
poudroiera. Je désire, ainsi que je fis ici-bas,
choisir un chemin pour aller, comme il me plaira,
au Paradis, où sont en plein jour les étoiles.

Je prendrai mon bâton et sur la grande route
j'irai, et je dirai aux ânes, mes amis :
Je suis Francis Jammes et je vais au Paradis,
car il n'y a pas d'enfer au pays du Bon Dieu.

Je leur dirai : " Venez, doux amis du ciel bleu,
pauvres bêtes chéries qui, d'un brusque mouvement d'oreille,
chassez les mouches plates, les coups et les abeilles."
Que je Vous apparaisse au milieu de ces bêtes
que j'aime tant parce qu'elles baissent la tête
doucement, et s'arrêtent en joignant leurs petits pieds
d'une façon bien douce et qui vous fait pitié.

J'arriverai suivi de leurs milliers d'oreilles,
suivi de ceux qui portent au flanc des corbeilles,
de ceux traînant des voitures de saltimbanques
ou des voitures de plumeaux et de fer-blanc,
de ceux qui ont au dos des bidons bossués,
des ânesses pleines comme des outres, aux pas cassés,
de ceux à qui l'on met de petits pantalons
à cause des plaies bleues et suintantes que font
les mouches entêtées qui s'y groupent en ronds.

Mon Dieu, faites qu'avec ces ânes je Vous vienne.
Faites que, dans la paix, des anges nous conduisent
vers des ruisseaux touffus où tremblent des cerises
lisses comme la chair qui rit des jeunes filles,
et faites que, penché dans ce séjour des âmes,
sur vos divines eaux, je sois pareil aux ânes
qui mireront leur humble et douce pauvreté
à la limpidité de l'amour éternel.

THRENE pour SIX MILLIONS de morts
(extrait de "La neuvième heure – Un récit de la Passion de Jésus
Texte : Jean-Paul BOULAND – Musique : Jean LEGOUPIL)

Où étais-tu Seigneur quand tes fils expiraient,
Déportés vers les camps, gazés par les barbares,
Et jetés, chauds encore, dans les fours crématoires,
Leurs cendres dispersées par le vent insensible ?

Auschwitz et Birkenau, Belzec, Majdanek
Treblinka, Sobibor, Buchenwald et Dachau
Ravensbrück, Gross Rozen, Neuengamme et Drancy
Struthof, Mauthausen et Theresienstadt.

Où étais-tu Seigneur, quand ils assassinaient
Aztèques et Incas, Indiens, Noirs d'Amérique,
Arméniens, Rwandais, Cambodgiens et Bosniaques ?
Es-tu donc, aujourd'hui, avec les torturés ?

GRANDE IMPLORATION pour les MORTS
(Extrait du "REQUIEM pour notre TEMPS
Paroles : Jean-Paul BOULAND – Musique : Jean LEGOUPIL)

Vous les petits des hommes,
Morts avant d'être adultes
Implorez avec nous

Miserere nobis Domine, miserere nobis

Victimes innocentes
D'un monde sans pitié
Implorez avec nous

Miserere nobis Domine, miserere nobis

Morts de la maladie
Et des épidémies
Implorez avec nous

Miserere nobis Domine, miserere nobis

Morts de toutes les guerres,
Et de tous les conflits
Implorez avec nous

Miserere nobis Domine, miserere nobis

Victimes de la route
De la violence aveugle
Implorez avec nous

Miserere nobis Domine, miserere nobis

Gazés, exterminés
Dans les fours crématoires
Implorez avec nous

Miserere nobis Domine, miserere nobis

Victimes de la haine,
Du racisme inhumain
Implorez avec nous
Miserere nobis Domine, miserere nobis

Habitants des pays
Où règne encore la faim
Implorez avec nous

Miserere nobis Domine, miserere nobis

Morts dans les cataclysmes,
D'un monde inachevé
Implorez avec nous

Miserere nobis Domine, miserere nobis

Vous tous, les morts illustres
Dont le nom est resté
Implorez avec nous.

Miserere nobis Domine, miserere nobis

Vous les morts inconnus
Dont nul n'a souvenir
Implorez avec nous.

Prière Rap
(Kenny ARKANNA)

Seigneur, aide mes pensées à raisonner correctement,
Ce monde veut m'enseigner la peur et de « A à Z » me ment !
Je te cherche en mon âme, en essayant de la connaître,
Ma mémoire veut accroître mon mal en l'insufflant sur ma comète,
Plus j'avance, plus j'affronte mes résidus tristes,
J'me retrouve à lutter contre mes pulsions autodestructrices,
Ô mon Dieu, Seigneur des seigneurs, Roi des rois,
Eternel Créateur, tes commandements seront mes lois,
Parle à mon âme, envoie moi un ange quand je me perds,
Un signe, un présage, des éclats de pétales dans leurs jeux de pierres,
Du libre-arbitre, mon espèce, retournée vers le démon,
Et mon espèce me dit folle, lorsque ce fait je le dénonce,
X siècles de tortures, le cérébral spécule l'ordure,
Le matériel n'est qu'illusion, la connaissance la vraie fortune,
Non pas leurs connaissances tordues, mais l'immuable que rien n'corrompt,
Nourriture spirituelle pour mieux réanimer la colombe,
Seigneur, aide mon âme que ce monde voudrait voir perdue,
Car j'ai refusé de la vendre pour accéder à la vertu,
Mes frères planent dans le doute, donne leur la force de rester droit,
La sagesse m'a dit « connais-toi, pour voir le Ciel faut rester toi ! »
Ce monde blasphème la foi, considérée comme futile,
Par ceux qui ne voient pas tes signes, ne discernant pas le subtile,
Mais voudraient donner des leçons, aux serviteurs de ta lumière,
Ceux qui savent que demain sera sûrement c'qu'on a vu hier,
Je ne suis qu'une âme égarée, mais réceptive à ton amour,
Alors je t'en prie éclaire moi, ce monde veut me mettre dans un moule,
Ce fut pas mal de nos désirs, c'est du cœur pas de l'ego,
Alors j'agis avec amour pour mieux l'entendre dans ton écho,
Seigneur, sonne ma colère, elle est la faille de tous mes maux,
J'ai trop mémorisé le mal et elle resurgit dans mes mots,
Accepte mon humble repentit, sur la route que j'arpente,
Reste près de mon âme je t'en prie comme lorsque je remontais la pente,
Seigneur, guide mes pas, peu importe ce qu'il advienne,
Donne moi la force d'avoir la foi, chaque jour plus que la veille,
Réchauffe le cœur de ceux qui souffrent, toi qui souffles la vie,
Que ton soleil puisse éclairer nos lunes quand s'ouvre la nuit,
Réconfort de ton amour, l'enfant seul est malheureux,
Protège ces peuples courageux qui survivent les larmes aux yeux,
Guide mon espèce à faire la paix, avec la création,
A faire la paix avec les siens et à chasser l'aliénation,
Seigneur, fais comprendre à l'Homme que son prochain est son frère,
Que toutes nos cultures différentes sur le globe sont une richesse,

L'homme s'est construit un monde inhumain, écrasant les gens saints,
Eclaire les cœurs de nos bourreaux, pour qu'ils puissent devenir humbles,
Qu'ils puissent voir avec le cœur, pas avec l'ego ni la tête,
Afin de ne plus jamais oublier qu'on est les gardiens de la terre,
Que le poids de nos carmas redevienne plume,
Et que les rayons indigo de nos soleils puissent percer cette brume,

Seigneur, que ta volonté soit faite sur la terre comme au Ciel...

Une prière scandaleuse...
... et pourtant c'est un psaume
Psaume 83

Chant, psaume d'Asaf.

O Dieu, sors de ton silence;
Dieu, ne reste pas inerte et muet.
Voici tes ennemis qui grondent,
    tes adversaires qui relèvent la tête.

Contre ton peuple, ils trament un complot,
  ils intriguent contre ton trésor:
Ils disent: " Allez! supprimons leur nation,
    que le nom d'Israël ne soit plus mentionné! "

D'un commun accord ils ont intrigué
  pour faire alliance contre toi:
les gens d'Edom et les Ismaélites, Moab et les enfants d'Hagar,
Gueval, Ammon, Amaleq, la Philistie avec les habitants de Tyr.

Même Assour s'est joint à eux, prêtant main-forte aux fils de Loth.
    Traite-les comme Madiân,
comme Sisera et Yavîn au torrent du Qishôn.
Ils furent anéantis à Ein-Dor, ils ont servi de fumier à la terre.

    Leurs princes, rends-les comme Orev et Zéev
      et tous leurs chefs,
  eux qui disaient.
    " Emparons-nous des domaines de Dieu! "

Mon Dieu, fais-les tourbillonner comme de la paille en plein vent.
    Tel un feu qui dévore la forêt,
      telle une flamme qui embrase les montagnes,
poursuis-les de ta bourrasque, épouvante-les par ton ouragan.

Couvre de confusion leur visage, et qu'ils cherchent ton nom, Seigneur!
    Frappés pour toujours d'épouvante et de honte,
  qu'ils périssent, déshonorés,
    qu'ils sachent que tu portes le nom de Seigneur,
      toi seul, le Très-Haut sur toute la terre!

TABLE des CHAPITRES

AVANT-PROPOS..4
DES CATECHISMES...5
   CATECHISME de Martin LUTHER (1529)...6
   CATECHISME du CONCILE de TRENTE (1566)..7
      INTRODUCTION 7
      DE LA NÉCESSITÉ DE LA PRIÈRE..7
   CATECHISME de BOSSUET (1627 – 1704)...9
   CATECHISME de toutes les Eglises catholiques de l'Empire français................10
   CATECHISME ou ABREGE de la DOCTRINE CHRETIENNE.......................11
   CATECHISME à l'Usage des DIOCESES de France..12
LA PRIERE..13
   Je prie Dieu… Je prie Qui ?..14
      Le Mystère de la Prière..14
      Jésus, révélation de Dieu..15
      La théologie apophatique...16
      Dieu est Néant..17
      La PRIERE 19
   Notre Père… et cætera – Variations sur la PRIERE..21
   PROPOS (provisoires, et donc discutables) sur la PRIERE...............................23
   Blaise PASCAL (1623 – 1662) - Pensées (commencées en 1656).......................25
   PRIER au Sas Quinette..26
   La PRIERE de JESUS..27
   PRIERE et LITURGIE..29
      A ATHENES, au temps de la Démocratie (5°-3° siècles av. J.C)......................29
      Dans les Eglises chrétiennes..30
      Prière personnelle en Eglise..31
   CRIER… PRIER 32
   Lisa et la PRIERE...35
   Mettre un cierge..36
   Le CHAPELET...37
DES PRIERES...40
   O Toi, l'Au-delà de tout...41
   Prière de François d'Assise..42
   Prières attribuées à saint Thomas MORE...43
   Ballade pour prier Notre Dame..45
   La prière pour tous..46
   PRIERE POUR ALLER AU PARADIS AVEC LES ANES.............................48
   THRENE pour SIX MILLIONS de morts..49
   GRANDE IMPLORATION pour les MORTS...50
   Prière Rap...52
   Une prière scandaleuse..54

Oui, je veux morebooks!

i want morebooks!

Buy your books fast and straightforward online - at one of world's fastest growing online book stores! Environmentally sound due to Print-on-Demand technologies.

Buy your books online at
www.get-morebooks.com

Achetez vos livres en ligne, vite et bien, sur l'une des librairies en ligne les plus performantes au monde!
En protégeant nos ressources et notre environnement grâce à l'impression à la demande.

La librairie en ligne pour acheter plus vite
www.morebooks.fr

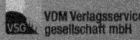 VDM Verlagsservicegesellschaft mbH
Heinrich-Böcking-Str. 6-8   Telefon: +49 681 3720 174   info@vdm-vsg.de
D - 66121 Saarbrücken   Telefax: +49 681 3720 1749 www.vdm-vsg.de

www.ingramcontent.com/pod-product-compliance
Lightning Source LLC
Chambersburg PA
CBHW031322150426
43191CB00005B/301